AF197715

Das dicke Kindergarten-Malbuch

Draußen unterwegs

Mit Bildern von Katja Mensing

Guten Tag, Herr Storch!
Welcher Storch steht auf einem Bein?

Schau genau. Entdeckst du den Unterschied zwischen den beiden Fahrrädern?

Hm, wie die Blumen duften!
Welcher Blume fehlt ein Blatt?

Welcher Marienkäfer
hat mehr Punkte auf dem Rücken?

Welche Farbe hat der zweite Rucksack? Mal ihn an.

Wie sieht deine Brotdose aus?

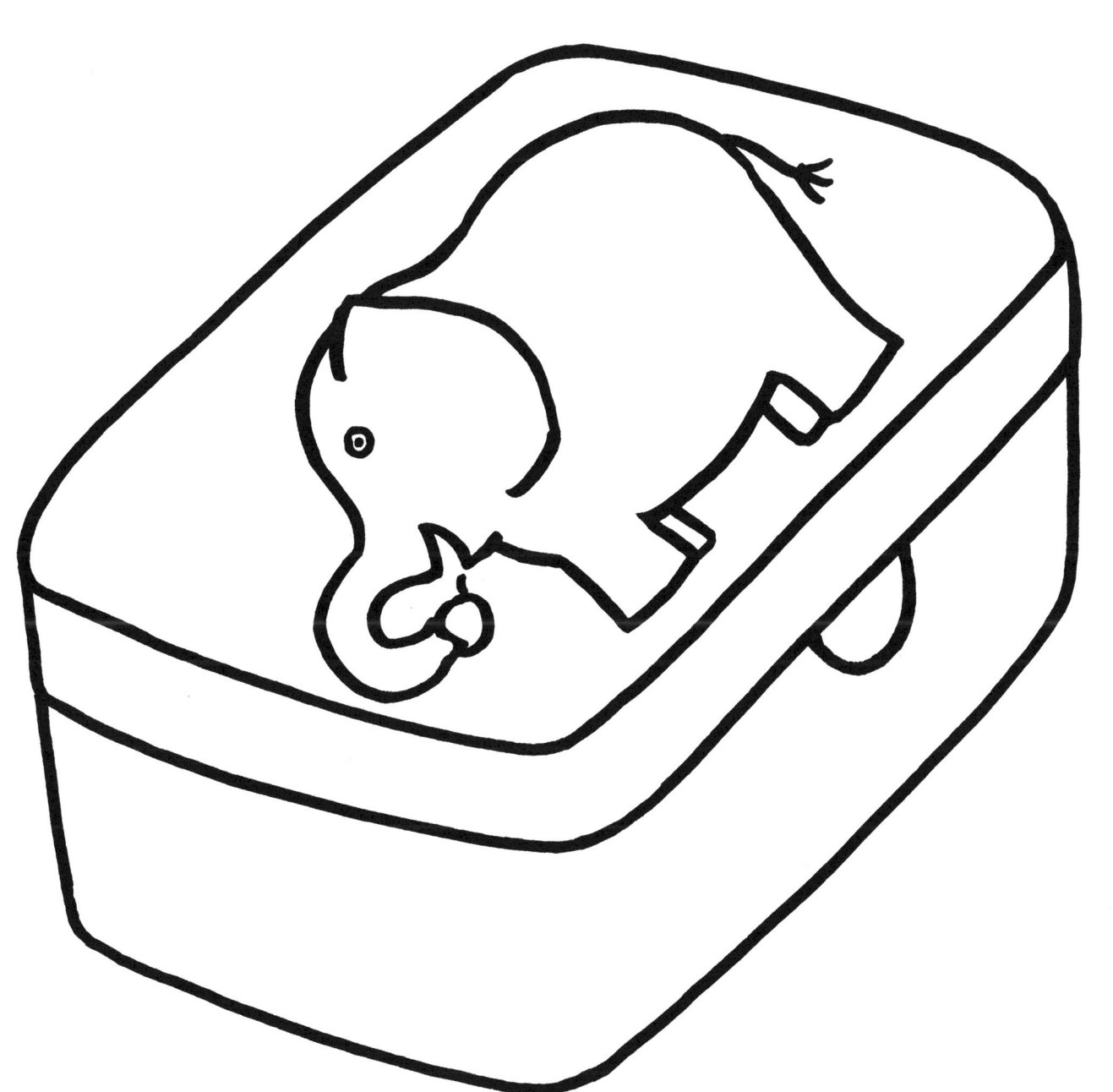

Nak, nak. Welche Ente fliegt gleich los?

Welche Schaukel gefällt dir?

Male die Uniform des Schaffners in deiner Lieblingsfarbe an. Findest du einen Unterschied?

Schnell fahren die Züge in den Bahnhof ein.
Doch welchem Zug fehlen die Scheinwerfer?

Im Frühling trägt der Baum ein buntes Blütenkleid.
Wer hat es sich auf einem Ast gemütlich gemacht?

Male auch dem zweiten Hund ein buntes Fell!

Auf welcher Mütze befinden sich Herzen?

Schau dir die Himbeeren genau an.
Findest du den Unterschied?

In Kinderwagen werden Babys spazieren gefahren.
Wer schiebt die Kinderwagen?

Wie farbenprächtig der Schmetterling leuchtet!
Male dem anderen auch ein buntes Muster.

Sieh nur! Ein kunterbunter Heißluftballon schwebt oben am Himmel. Male auch den zweiten Ballon an.

Welche Seerose ist schon aufgeblüht?

Summm, summ, summ. Male auch die zweite Hummel an.

Bei welcher Sonnenbrille fehlt etwas?

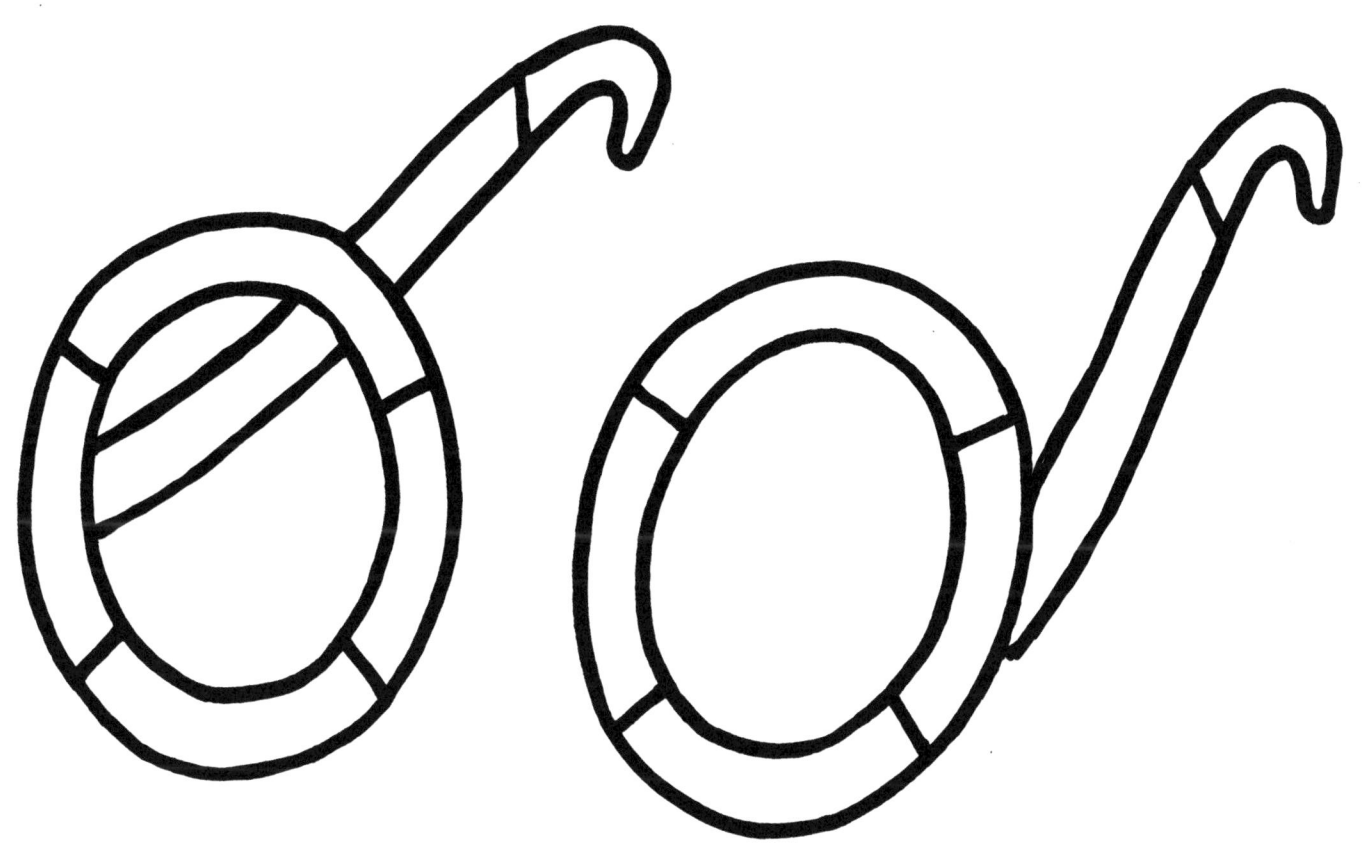

Das Eis schmeckt köstlich.
Was ist deine Lieblingssorte?

Komm, lass uns eine Sandburg bauen.

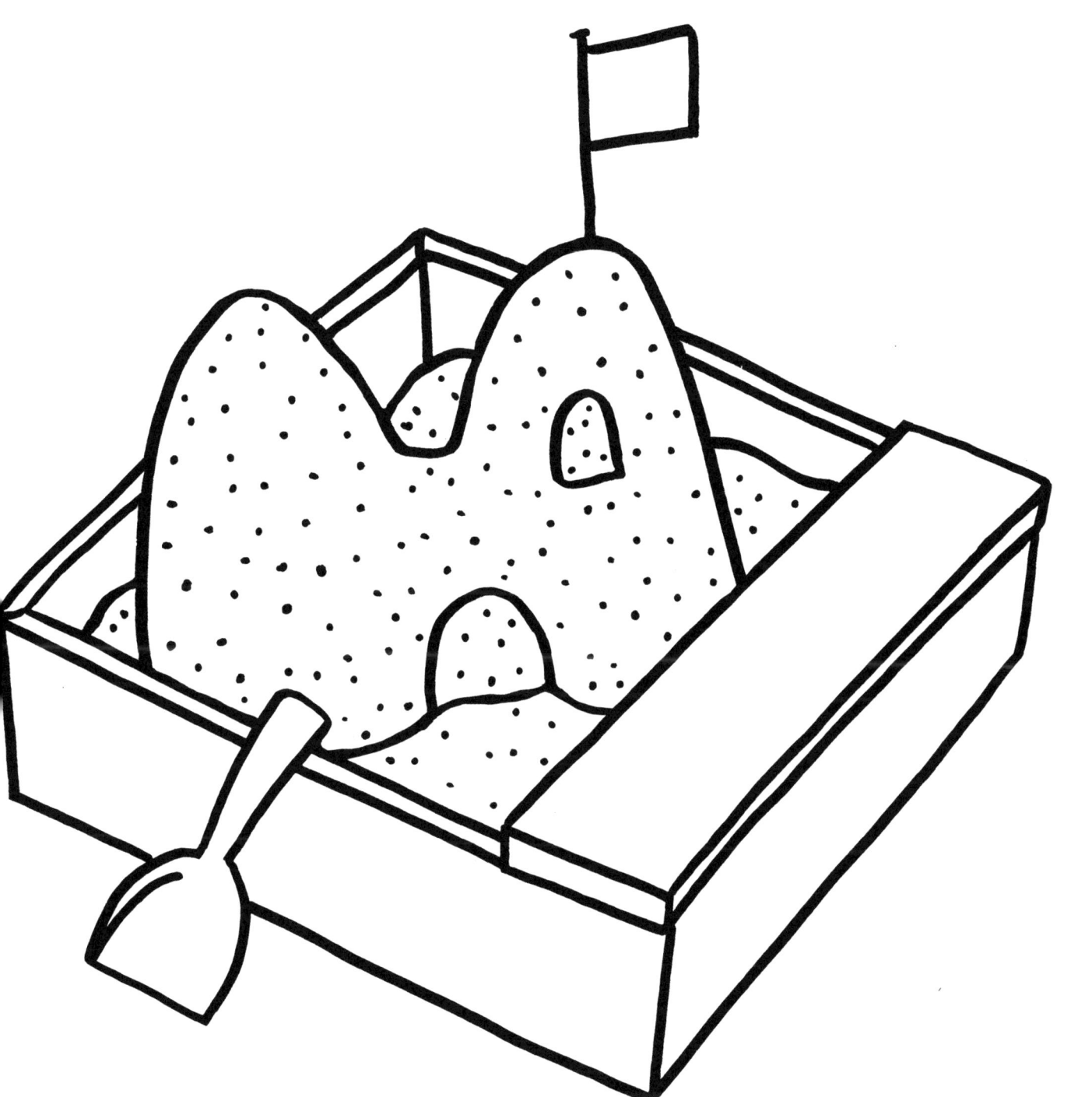

Welcher Bauarbeiter hat gelbe Stiefel an?

Schau dir die Baggerschaufeln genau an.

Schuhu! Welche Eule ist noch müde?

Der Mond ist aufgegangen.
Welcher Mond zeigt sein freundliches Gesicht?

Miau. Wer macht denn hier Katzenwäsche?

Welche Jacke hat eine Kapuze?

Sieh dir die Kürbisse genau an.
Entdeckst du einen Unterschied?

Auf welchem Eimer ist ein Stern abgebildet?

Halten beide Polizistinnen das Gleiche in der Hand?

Gute Reise! Welches Flugzeug hat mehr Fenster?

Sieh nur, ein bunter Regenbogen.
Mit welchen Farben malst du deinen Regenbogen aus?

Komm, wir machen einen Regenspaziergang. Welchen Regenschirm nimmst du?

Male auch den zweiten Regenwurm farbig an.

Welcher Fuchs ist noch nicht ganz eingeschlafen?

Hui, auf der Rutsche geht es schnell abwärts.
Zu welcher Rutsche fehlt die Treppe?

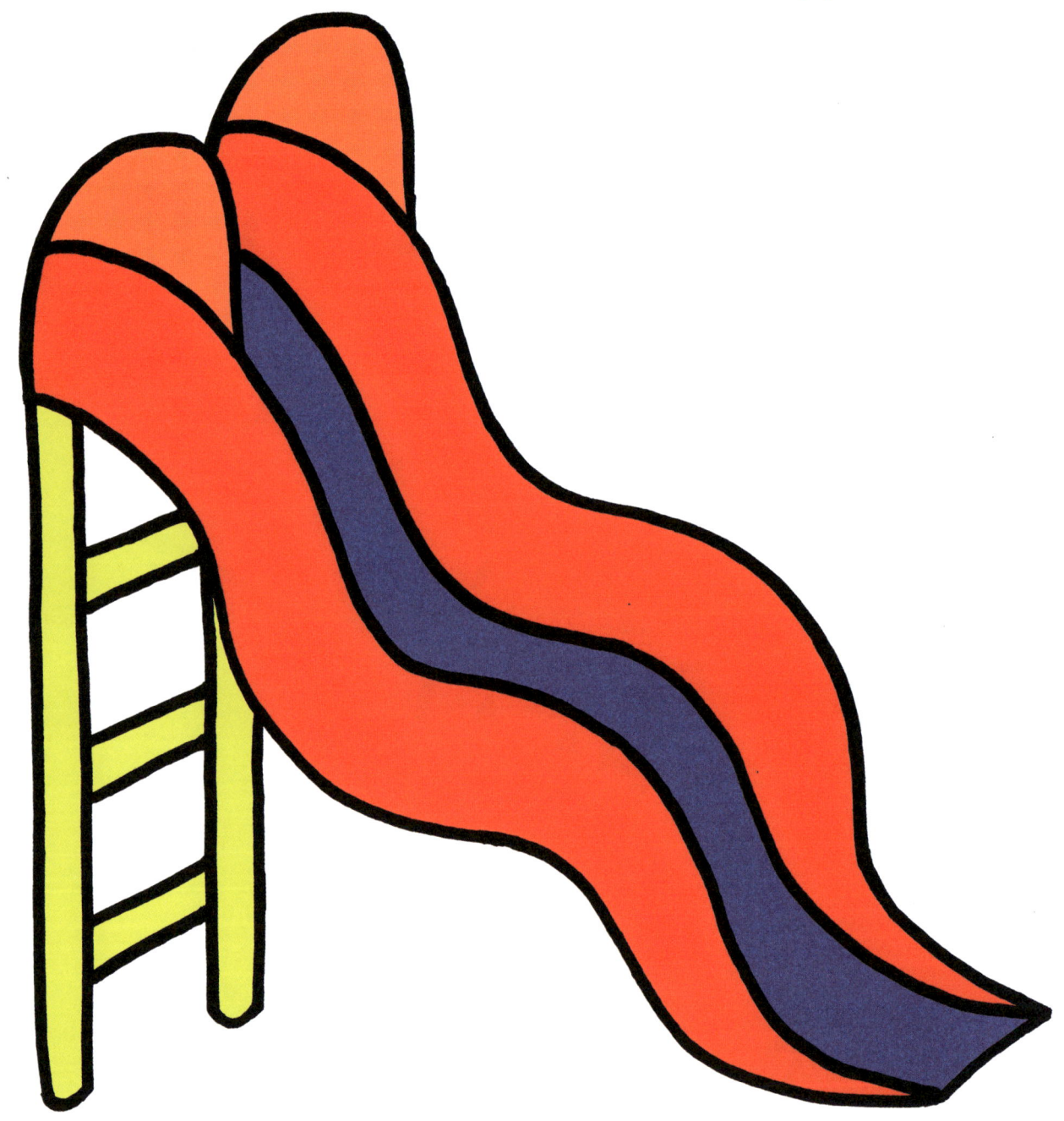

Die Müllmänner haben orange leuchtende Jacken an.
Auf welcher Jacke sind mehr Streifen?

Mahlzeit! Welches Eichhörnchen
hat seine Haselnuss schon gefunden?

Das Auto düst die Straße entlang.
Male auch das zweite Auto bunt an.

Im Herbstwind tanzen bunte Drachen.
Doch welcher der beiden hat mehr Schleifen?

Welches Pferd hat eine lange Mähne?
Male die Mähne farbig an.

In welchen der beiden saftigen Äpfel
hat jemand hineingebissen?

Welcher Ball gefällt dir besser?
Male beide Bälle in bunten Farben an.

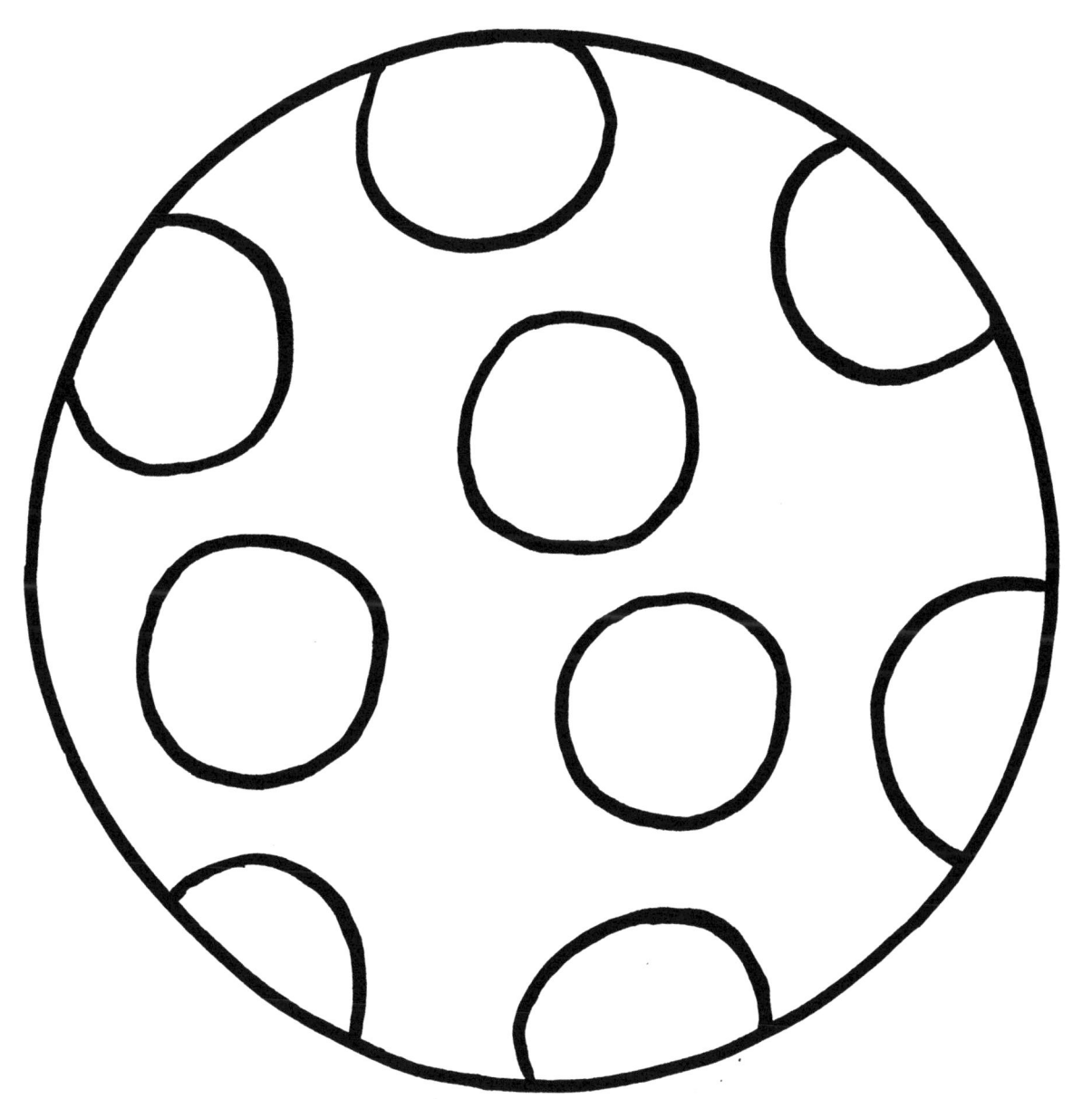

Brrrr! Mit Mütze, Schal und Handschuhen ist man auch bei kaltem Wetter für draußen gut gewappnet.

Welcher Schneemann ist warm angezogen?